楽しく数学脳が鍛えられる！
ワークシートで便利！

算数あそび

101

三好真史 著

学陽書房

はじめに

「算数」と聞いて、しりごみしてしまう子どもがいます。

算数の印象が、「テストで解けるかどうか」「できないから苦手だ」というように、試験の成績のみに集中しているからかもしれません。

小学校から高校まで、学校で付き合わなければならないのが算数や数学です。

繰り返される進路選択にも、大きな影響をあたえます。

その意味では、「算数・数学＝成績」という関係は、ある意味正しいともいえます。

でも、算数や数学は、「試験のため」「成績をつけるため」だけにあるのではありません。大きな頭脳があたえられている私たち人間は、「考えること」ができるのです。

私たちの「なぜ？」「どうして？」と考える行為が、算数や数学を生み出しました。算数・数学は、私たちの内なる思考からできあがったのです。その意味で、本当は算数や数学は、「人間的だ」とまで言うことができます。

本書には、少し難しいけれど、子どもたちが自分から考えてやってみたくなる、算数が得意・苦手に関係なくクラス全員が参加できて、夢中になるような問題を集めています。

きっと、子どもの気持ちを算数の学びに向かわせるきっかけになるはずです。

準備するにあたって必要なのは、印刷だけ。

子どもたちのレベルに合った問題を選び、印刷して配付すれば、それだけで楽しい算数あそびができるのです。

「算数って、おもしろい！」
「もっと解いてみたい！」
「考えるのって楽しいな！」

算数あそびを行うと、教室は「考える喜び」の声でいっぱいになります。

さあ、感動のある算数の時間を始めましょう！

c o n t e n t s

Chapter 1

数字を使った算数あそび

Chapter 2

計算する算数あそび

Chapter 3
きまりを見つける算数あそび

Chapter 4 図形を使った算数あそび

Chapter 5
クイズで楽しむ算数あそび

本書の使い方

　算数は、「書いて考える」「書いたものをもとに話し合う」という活動が中心です。書くことで、計算を重ね、思考を働かせ、考える楽しさを感じ取ることができるのです。そのため本書は、書き込んで考えられるように「ワークシート形式」で作成しています。すべての問題を、そのまま印刷して、すぐに使うことができるようにしています。

　本書の算数あそびは、次の5つの使い方ができます。

使い方①　クラス全員でいっせいに取り組む

　まずは、授業の中でいっせいに取り組んでみましょう。これが基本の使い方です。授業の導入や、余った時間などに、プリントした用紙を配付し、クラス全員で考えます。

　はじめは個人で取り組みます。1人で問題にチャレンジさせるのです。

　そして、途中からグループ活動を取り入れます。

　グループで取り組む場合は、答えが書けたら教師のところへ持ってこさせるようにします。あるいは、ほかの子どもに説明できるように準備させたり、ほかの子どもにヒントを教えさせたりします。

使い方②　はやくできた子ども用に置いておく

　算数が得意な子どもは、授業中の問題もすばやくできてしまいます。そういう子どもほど、難しい問題に対して、目をキラキラさせて取り組みます。授業の問題がはやく解けた子どもにプリントを手渡して、考えさせるようにします。

　あるいは、本書のワークシートを5種類ほどクラスの人数分印刷しておき、教室の後ろの棚などに置いておくのもいい方法です。それで、いつでも挑戦できるようにしておきます。こうしておくと、算数の時間で、はやく問題が終わった子どもや、手持ち無沙汰になった子どもが取り組めます。算数のテストがはやく終わってしまったときなどにも最適です。

使い方③　壁に掲示する

　教室の壁や掲示板などに、掲示物のように1枚だけ貼り付けておき

ます。

　「解けた人は、先生のところに言いにきてください」とだけ連絡しておきます。

　子どもは、教室の変化に気付きやすいもの。

　「あれっ？　何か貼ってあるよ！」

　「う〜ん、難しいなあ……」

　このように、掲示されたプリントに群がって頭をひねることでしょう。教室の壁に掲示することによって、日常の中に、算数の思考を取り入れることができます。

使い方④　宿題にする

　宿題の算数プリントとして配付することも可能です。

　いつもは「計算問題」や「文章問題」のように、解くばかりの問題の宿題の中に、このような楽しみながら考える宿題を取り入れることで、子どもたちは新鮮な気持ちで宿題に取り組むことができます。

　なお、宿題として出す限りは、子どもが自力で解けるものが望ましいです。本書では、問題の上部に難易度を載せてありますが、☺マークの数が少ないほど簡単で、多いほど難しい問題になっています。これを参考にして、難易度☺1〜3のものを選ぶようにするといいでしょう。

使い方⑤　学級通信に載せる

　クイズ性の高い問題については、学級通信や学年通信などに載せると、家族の意見を聞きながら考えることができます。

　これについては、宿題ではないので、難易度は高めのものがいいでしょう。

　「うちのお父さんが、がんばって解いていたよ！」などと、算数の問題が家庭での話題にもなります（ただし、様々な家庭がありますので、学級全体に伝える際には注意が必要です）。

　出題するのは、難易度☺4〜5つのものをおすすめします。通信の次号では、「前回の問題の解答です。」というように、答えを載せるようにするといいでしょう。

Chapter
1

数字を使った算数あそび

数字を使ったパズルや迷路で、
子どもたちの算数への
関心を高めましょう。

1

マス目に入る数字を当てよう!
魔方陣パズル

難易度 ☻☻☻○○

年　　組　名前

①縦、横、斜めの列で、その列にある3つの数を足したとき、その数がすべて同じになるように、あいているマスに数字を入れましょう。このパズルには、1から9までの数字が1つずつ入ります。

4	3	
9		1
2	7	6

6	7	
	5	
8		4

②縦、横、斜めの列で、その列にある4つの数を足したとき、その数がすべて同じになるように、あいているマスに数字を入れましょう。このパズルには、1から16までの数字が1つずつ入ります。

3		16	
8	14	11	1
	4		15
	7	2	

2

輪の中の数を合わせよう！
数の輪クイズ

難易度 😊😊😊○○

年　　　組　名前

いくつかの輪を重ねて、中に数字を入れ、それぞれの輪に入っている数の和が同じになるようにします。

① 4～7の数字を1つずつ入れて、それぞれの輪の中の数の和が13になるようにします。ア～エに入る数字を答えましょう。

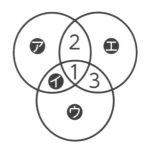

答え　㋐　　　㋑　　　㋒　　　㋓

② 4～10の数字を1つずつ入れて、それぞれの輪の中の数の和が19になるようにします。ア～キに入る数字を答えましょう。

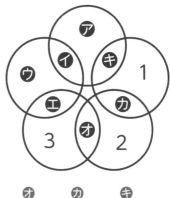

答え　㋐　　㋑　　㋒　　㋓　　㋔　　㋕　　㋖

3 オリンピックのマークに数字を入れよう！
オリンピックマークパズル

難易度 ☺☺☺○

年　　組　名前

□の中に、数字を1つずつ入れて、円の数を足した数が、すべて同じになるようにしましょう。

① 1～5の数字を入れます。

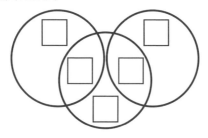

② 1～9の数字を入れます。

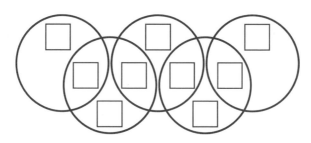

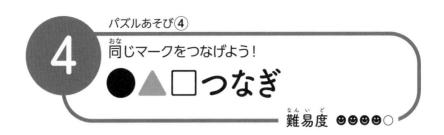

4 同じマークをつなげよう！
●▲□つなぎ

難易度 ☺☺☺☺○

年　　　組　名前

同じマークを線でつないでペアをつくりましょう。ただし、1つのマスを
通れる線は1本だけです。

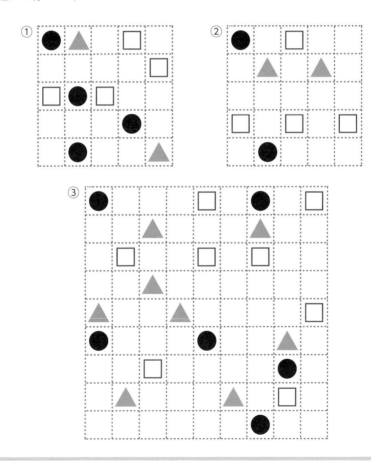

5 合わせて 20 にできるかな?

20づくり

難易度 😊😊😊😊○

年　　　組 名前 _____

下の図の円の中に、1 から 9 の数を 1 つずつ入れます。図の丸を結ぶとできる正方形が 6 つかくれています。正方形の角にある 4 つ○の数を足すと、どの正方形も合計が 20 になります。

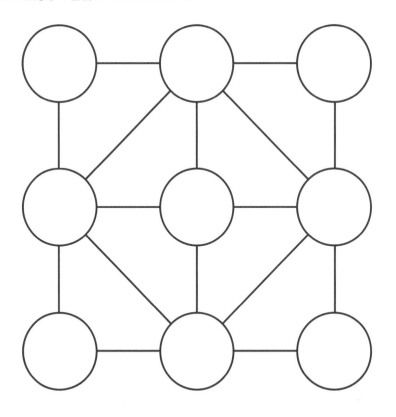

6

同じ道は通っちゃダメ！
遊園地を回ろう

難易度 ☺○○○○

年　　　組　名前

遊園地の入り口から出発して、ア〜コを1回ずつ回って、出口まで行きます。
同じ道や場所を2回通らないような道順を、カタカナで答えましょう。

答え

7

動物の順番でゴールを目指せ！

動物メイロ

難易度 😊😊○○○

年　　　組　名前

決められた動物の順番で、ゴールまで進みましょう。

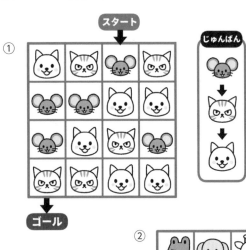

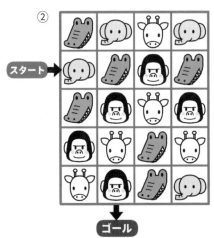

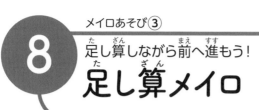

8

足し算しながら前へ進もう！

足し算メイロ

難易度 ☺☺☺○○

年　　　組　名前

スタートからゴールまで進みます。通った数の合計が、指定された数字になるように進みましょう。ただし、同じ道は1回しか通れません。

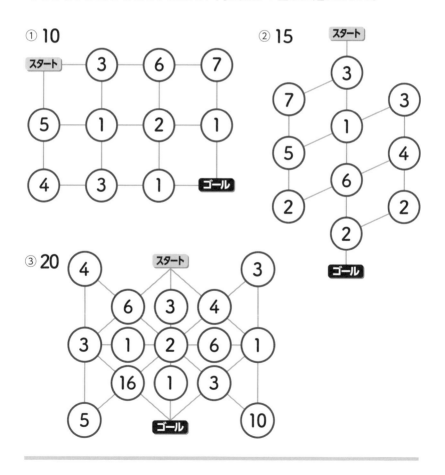

9

道順探し

難易度 ☺☺☺○○

年　　　組 名前

時間がかからないようにして、家から学校まで行きます。1番短い時間で、何分で行くことができるでしょうか。

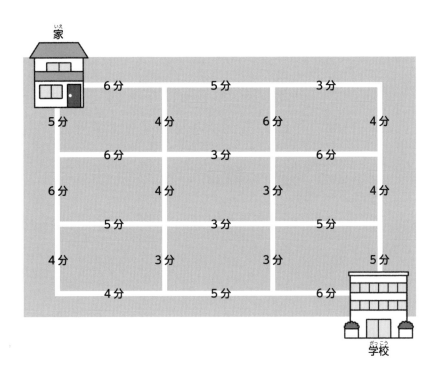

答え

10

番号を書きながらマスを進め!

数字メイロ

難易度 ☺☺☺○○

年　　組　名前

例のように、1、2、3、4……と順番に
すべてのマスを通って進みます。線を
引き、番号を書き込みましょう。

1		9
	6	

➡

1―2	9
4―3	8
5―6―7	

①

		10	
		1	
16			

②

			10
		1	
16			

③

10			1
	16		

④

			10
	1		
16			

年　　　　組　名前

例の丸には、1〜3の違う数字が1つずつ入っています。上の段の2つの大きい数字から小さい数字を引いた数が、下の段の数になっていきます。同じように、図1には1〜6まで、図2には1〜10までの数を入れて、上の段の2つの数字を引いた数が、下の段の数字になるようにしましょう。

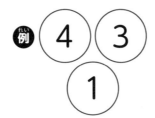

図1　　　　　　　　　　　　**図2**

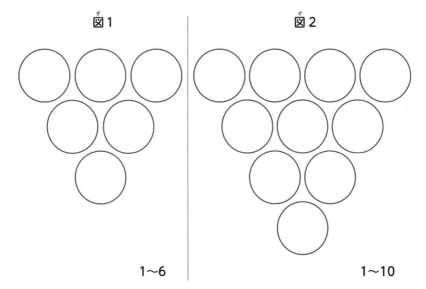

1〜6　　　　　　　　　　　　1〜10

12

3辺すべてが同じ数！
足したら同じ三角形

難易度 ☺☺☺○○

年　　　組　名前

下の三角の円の中に、1〜6を1つずつ全部入れて、どの3本の線の上の数を足しても、同じ数になるようにしましょう。

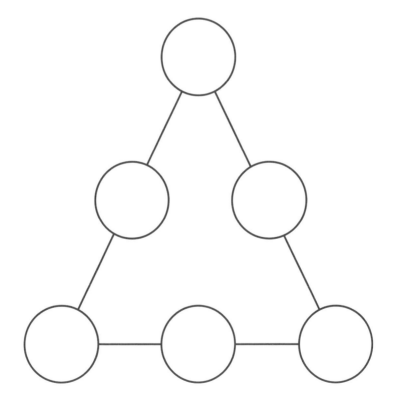

13

きまりを見つけて数字を入れよう！

数字の階段

難易度 😊😊😊○

年　　　組 名前

〇の中に、一定の数字を入れましょう。

1列に並んでいる数字は、一方のはしから同じ数ずつ増えます。1つの列に、同じ数字が入ってはいけません。

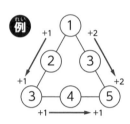

❶ ❷ ❸ ❹

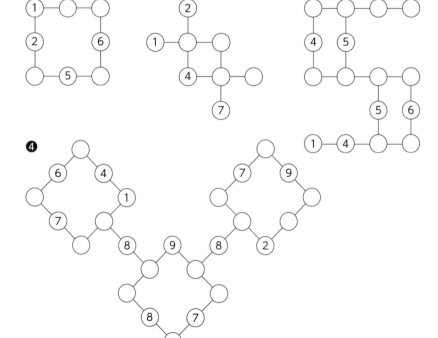

14 それぞれの文字は、何の数字？
都市計算

難易度 😊😊😊😊😊

年　　　組　名前

同じ文字のところには、同じ数字が入ります。当てはまる数字を考えましょう。

$$
\begin{array}{r}
OSAKA \\
+\,KYOTO \\
\hline
TOKYO
\end{array}
$$

答え　T (　　) O (　　) K (　　) Y (　　) A (　　) S (　　)

15

❓に入る数字は何？

丸の中の数字

難易度 😊😊😊😊

年　　　組 名前

次の❓の中には、どんな数字が入るでしょうか。

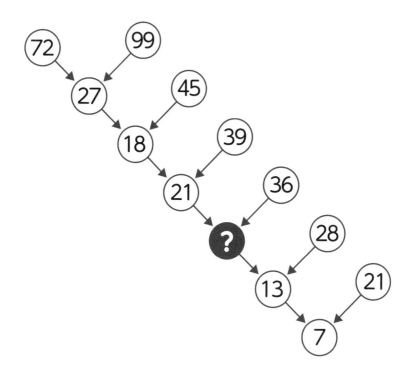

答え

16 バ抜きのカードをかぞえよう！
カードは何枚？

難易度 ☺☺☺○○

年　　組　名前

タロウ、ゴロウ、ハナコ、ナナエは、4人でババ抜きをしています。ナナエは、カードを何枚持っているでしょうか。

タロウ

ゴロウ

ハナコ

ナナエ

答え

17

3の数字をすべてかぞえると?
1の位が3の数

難易度 ☺☺☺○

年　　組 名前

小太郎さんは、1〜999までの数の中で、1の位が3の数をすべて書き出しました。何個の数を書き出したでしょうか。

答え

18

全試合数をかぞえよう！

トーナメントの試合数

難易度 😊😊😊○○

年　　　組　名前

学校で、クラス対抗のドッジボール大会がありました。全部で 32 クラスが参加して、トーナメント方式で優勝の 1 クラスを決めました。全部で何試合ありましたか。

答え

19

バケツの水は何リットル?

パイプの水

難易度 ☺☺☺○○

年　　組 名前 _____

幸太郎くんは、工作で、上から水を入れると、下から水が5か所に分かれて出てくる装置をつくりました。パイプが2つに分かれているところでは、水がちょうど半分に分かれて流れます。上から水を16L入れたので、下のバケツにはそれぞれ何Lたまるでしょうか。

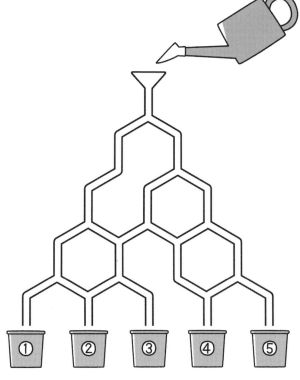

答え　①(　　)L　②(　　)L　③(　　)L　④(　　)L　⑤(　　)L

20

ベンチで多く座るには？
間をあけて

難易度 😊😊😊○○

年　　　組　名前

公園に 11 人がけのベンチがあり、何人かが座っています。座っている人のとなりの席は、必ずあいています。ベンチには、何人の人が座っていますか。考えられる中で、1番多い人数を答えましょう。

答え

算数・数学の感動

　世の中には、様々な感動があります。

　歴史に名を残す偉大な発明・発見が、私たちにあたえてくれる感動は、その最たるものといえるでしょう。

　人間の社会や生活を大きく変え、ときには産業革命のような大きな時代の転換にまで手を貸した発明は、数知れずあります。

　それに比べれば、「数学上の大きな業績」というのは、「発明」のように、そのおかげで社会の仕組みが変わったり、すぐおいしいものが食べられたり、早く目的地にたどり着けたりするように、実利・実用的なプラスには、なかなかつながりません。

　新しいものをつくり出すというよりも、すでにもともと数学の世界に存在していた法則やルールのようなものを見つけ出すこと。

　つまり、「発見」こそが算数や数学の役割なのです。

　たとえば、有名な「ピタゴラスの定理」があります。三平方の定理のことです。

　これだって、ピタゴラスがこの定理を「発明」したのではありません。

　数学世界の真理として「すでに存在していた」ものを、見つけ出したに過ぎないのです。

　その意味では、算数や数学の業績というものは、かなり謙虚なものです。

　すでに数学世界を支配していた法則を発見するのですから、その発見は人類共有の財産であり、独り占めする性質のものではありません。

　法則の発見者は、称えられ、尊敬こそされますが、自分の発見を独り占めすることはできません。

　だからこそ、人より１秒でも早く、その真理にたどり着いた喜びは大きく、感動はたとえようもないものになるのでしょうね。

Chapter

2

計算する
算数あそび

解けたら、スッキリ！
答えを聞いて、納得！
計算を用いる
算数あそびを紹介します。

21

縦と横に計算しよう！
立式パズル

難易度 ☺☺☺○○

年　　　組　名前

縦と横に足し算をするパズルがあります。四角の中に1から9を1つずつ入れて、縦横6つの式を、すべて正しくしましょう。

$$\square + \square + \square = 9$$

$$+ \quad\quad + \quad\quad +$$

$$\square + \square + \square = 23$$

$$+ \quad\quad + \quad\quad +$$

$$\square + \square + \square = 13$$

$$\| \quad\quad\quad \| \quad\quad\quad \|$$

$$15 \quad\quad 9 \quad\quad 21$$

22 どんな数なら、わり切れる？ 当てはめ

難易度 😊😊😊○○

年　　　組　名前

◯の中に数字のカードを入れて、正しい文にしましょう。ただし、同じカードは1回だけしか使えません。

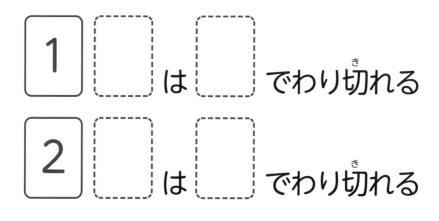

23

カードに書かれた数字を当てよう！

4枚のカードパズル

難易度 😊😊😊○

年　　　組 名前

「あ」から「え」の4枚のカードの裏には、1から30までの数字のうち、いずれかが書かれています。カードの数字で、次の4つの式が成り立つとき、「あ」から「え」に書かれた数字を答えましょう。

$$\boxed{あ} \div \boxed{い} = 4$$

$$\boxed{う} \times \boxed{え} = 30$$

$$\boxed{あ} = \boxed{う} + 1$$

$$\boxed{い} = \boxed{え} \times 2$$

答え　あ（　　　）い（　　　）う（　　　）え（　　　）

24

数のクロスワード

難易度 ☺☺☺☺○

年　　　組　名前

下の□の中に、1〜9の異なる9個の数を1回ずつ入れて、式をつくりましょう。

$$\boxed{} \ + \ \boxed{} \ = \ \boxed{}$$

$$\boxed{} \ - \ \boxed{} \ = \ \boxed{}$$

$$\boxed{} \ \div \ \boxed{} \ = \ \boxed{}$$

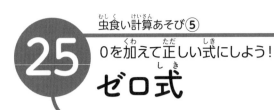

25

0を加えて正しい式にしよう！
ゼロ式

難易度 ☺☺☺○

年　　　組　名前

数字が書かれた四角の枠に0を書き加えて、正しい式にしましょう。0は
いくつ書いても構いません。0がつかないものもあります。

① 1 ＋ 2 ＋ 3 ＝60

② 3 ＋ 7 ＋ 2 ＝57

③ 4 ＋ 3 ＋ 9 ＝97

④ 9 ＋ 2 ＋ 5 ＝ 61

⑤ 3 ＋ 8 － 2 － 9 ＝27

⑥ 5 ＋ 9 － 1 － 3 ＝19

⑦ 8 ＋ 3 － 4 － 6 ＝46

⑧ 2 ＋ 4 － 9 － 7 ＝80

⑨ 8 ＋ 4 － 9 － 2 ＝28

26

予想してから計算しよう!
地球より1m大きい天体

難易度 😊😊😊○○

年　　組　名前

地球の地表円周は、およそ 40,000km。その上を 1m だけ大きい輪を描いて回った円周、つまり地球より直径が 2m 大きい天体の円周は、地球の円周よりどれくらい長いでしょうか。予想してから計算しましょう。

予想
_____

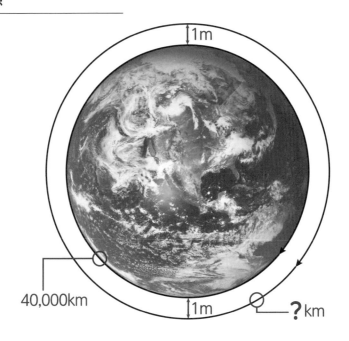

1m

40,000km

1m

? km

答え
_____

27

ピッタリの組み合わせを見つけよう！

ボタンを5回押して20にしよう

難易度 😊😊😊○○

年　　　組　名前

ドアを開けるには、1、3、5、10のボタンのどれかを5回押して、その数字の合計がぴったり20になるようにします。数字の組み合わせの1つは1、1、3、5、10です。でも、もう1つの組み合わせがあります。それを、考えましょう。

| 1 | 3 | 5 | 10 |

ドアのボタンは小さい数字から順に押すんだよ！
押さないボタンがあってもいいよ！

答え

28 どんな数でも、結果は同じ！ 495になる計算

難易度 😊😊😊○○

年　　組　名前

3けたの数字の計算の結果はすべて495になるという、不思議な計算があります。

①すべてが同じ数字ではない3けたの数を
思い浮かべてみましょう。

②次に、各けたの数字を並び替えてできる最大の数から最小の数を引き算します。

③各けたの数字を並び替えてできる最大の数から最小の数を引く計算を繰り返します。

④すると、並び替えても答えが変わらない数にたどりつきます。その数が495です。

$$553 - 355 = 198$$
$$981 - 189 = 792$$
$$972 - 279 = 693$$
$$963 - 369 = 594$$
$$954 - 459 = 495$$

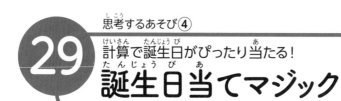

29 計算で誕生日がぴったり当たる！
誕生日当てマジック

難易度 ☻☻○○○

年　　組　名前

①生まれた月に 4 をかけて、9 を足します。

| | ✕　4　+　9　=
|---|
| 生まれた月 |

②その答えに 25 をかけて、生まれた日を足します。

| | ✕　25　+ | | =
|---|---|
| ①の答え | | 生まれた日 |

③最後に 225 を引きます。

| | −　225　=
|---|
| ②の答え |

④最後の③の答えの 4 けたの数字または 3 けたの数字が誕生日になっていますね。

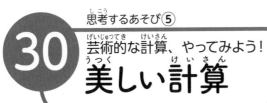

30

思考するあそび⑤

芸術的な計算、やってみよう！

美しい計算

難易度 😊😊○○○

年　　　組　名前

電卓を使って次の計算をしてみましょう。美しい結果になりますよ。

① 　11 × 　11 ＝

　　111 × 　111 ＝

　1111 × 1111 ＝

② 1.2345679 × 　9 ＝

　1.2345679 × 18 ＝

　1.2345679 × 27 ＝

　1.2345679 × 36 ＝

③ 　1 × 9 ＋ 2 ＝

　　12 × 9 ＋ 3 ＝

　　123 × 9 ＋ 4 ＝

　1234 × 9 ＋ 5 ＝

④ 1.42857 × 2 ＝

　1.42857 × 3 ＝

　1.42857 × 4 ＝

　1.42857 × 5 ＝

31 同じパワーに切り分けよう！
3人でパワーを分けろ

難易度 ☺☺☺○○

年　　　組　名前

パワーをもった魂のリングがあります。1つの魂には、それぞれ書いてある数字のパワーがあります。3人が同じパワーをもてるように分けるには、どことどこを切りはなせばいいのでしょうか。そして、1人分のパワーはいくつなのでしょうか。

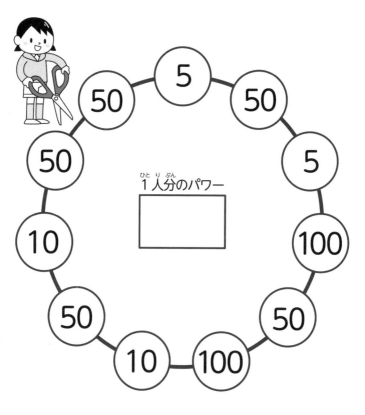

1人分のパワー

32

4だけで、計算できるかな？

4つの4で計算しよう

難易度 ☺☺☺○

年　　組　名前 _____

4を4つと×、÷、＋、－、（　）などを使って、その答えが0から10になる式をつくりましょう。なお、4を2つ使って44と考えても構いません。

4 ☐ 4 ☐ 4 ☐ 4 ＝ 0

4 ☐ 4 ☐ 4 ☐ 4 ＝ 1

4 ☐ 4 ☐ 4 ☐ 4 ＝ 2

4 ☐ 4 ☐ 4 ☐ 4 ＝ 3

4 ☐ 4 ☐ 4 ☐ 4 ＝ 4

4 ☐ 4 ☐ 4 ☐ 4 ＝ 5

4 ☐ 4 ☐ 4 ☐ 4 ＝ 6

4 ☐ 4 ☐ 4 ☐ 4 ＝ 7

4 ☐ 4 ☐ 4 ☐ 4 ＝ 8

4 ☐ 4 ☐ 4 ☐ 4 ＝ 9

4 ☐ 4 ☐ 4 ☐ 4 ＝ 10

33 数を入れ替えて、ピッタリ10を目指そう！
10ゲーム

難易度 ☺☺☺☺○

年　　　組　名前

4つの異なった数に、×、÷、＋、−、（　　）などの計算をして、答えが10になるようにしましょう。数の順番は、入れかえても構いません。

例	1　2　3　5	➡	3＋5＋2×1＝10

① 1　2　4　6 ➡ _____

② 1　3　5　8 ➡ _____

③ 2　5　7　9 ➡ _____

④ 2　6　8　9 ➡ _____

⑤ 3　5　6　7 ➡ _____

⑥ 3　6　7　9 ➡ _____

⑦ 4　5　6　8 ➡ _____

⑧ 5　7　8　9 ➡ _____

34

100 になる計算、できるかな？

1〜9で100をつくろう

難易度 😊😊😊😊○

年　　　組　名前

1〜9の数字を使って、その答えが１００になる式をつくりましょう。＋、
−、×、÷のいずれかを入れます。なお、数字と数字の間に何も入れないで、
となり合う数字を２けたあるいは３けたの数にしてもいいです。

1　　2　　3　　4　　5　　6　　7　　8　　9　＝ 100

1　　2　　3　　4　　5　　6　　7　　8　　9　＝ 100

1　　2　　3　　4　　5　　6　　7　　8　　9　＝ 100

1　　2　　3　　4　　5　　6　　7　　8　　9　＝ 100

1　　2　　3　　4　　5　　6　　7　　8　　9　＝ 100

35

どうやったら、ラクに計算できるかな？

長い足し算

難易度 ☺☺☺☺○

年　　　組　名前

_____

次の足し算をしましょう。

➡ 1 + 2 + 3 + 4 + 5 + 6 + 7 + 8 + 9

+ 9 + 8 + 7 + 6 + 5 + 4 + 3 + 2 + 1

+ 1 + 2 + 3 + 4 + 5 + 6 + 7 + 8 + 9

+ 9 + 8 + 7 + 6 + 5 + 4 + 3 + 2 + 1

+ 1 + 2 + 3 + 4 + 5 + 6 + 7 + 8 + 9

+ 9 + 8 + 7 + 6 + 5 + 4 + 3 + 2 + 1 = ?

答え

_____

36 誰が何回勝っているの?
何回勝てたかな?

難易度 ☻☻☻☻☻

年　　　組　名前

タロウ、カナコ、シゲホ、ミキは、将棋で自分以外の全員と総当たりで1回ずつ対戦しました。4人はそれぞれ何回勝ちましたか。

タロウ　「僕はカナコとの対戦に勝った」

カナコ　「私はミキとの対戦に勝った」

シゲホ　「僕はタロウとの対戦に勝った」

ミ　キ　「みんなの勝った回数はバラバラだね」

答え　タロウ（　　　）回　　カナコ（　　　）回

　　　シゲホ（　　　）回　　ミ　キ（　　　）回

文章問題あそび②

37

3つの当たりは、それぞれ何点？

的当てゲームの点数

難易度 ☺☺☺○○

年　　　　組　名前

的当てゲームをしています。的には大当たり、中当たり、小当たりがあり、それぞれ点数が違います。Aさん、Bさんの合計点と配点ルールを見て、3つの当たりがそれぞれ何点なのかを答えましょう。

Aさん

大当たり　2回

中当たり　2回

小当たり　1回

合計点……690点

Bさん

大当たり　5回

中当たり　1回

小当たり　1回

合計点……1140点

┌─ ＜配点ルール＞ ─┐

大当たり1回の点数は、中当たり1回と小当たり1回を足した点数と同じ。

└─────────────┘

答え

大当たり…（　　　　　　　　）点

中当たり…（　　　　　　　　）点

小当たり…（　　　　　　　　）点

38

正しい平均、求めよう!

平均の速さ

難易度 😊😊😊😊○

年　　組　名前

学校と公園をバイクで往復しました。行きは時速 60km で、帰りは時速 40 km でした。往復の平均の速さを求めなさい。

答え

文章問題あそび④

クルクル回る針を想像しよう！
時計の針

難易度 ☺☺☺☺○

年　　　組　名前

時計の針についての問題です。0時から24時までの間に、長い針は短い針を何回追いこすでしょうか。ただし、最後の24時は追いこされないので、1回とカウントしません。

答え _____

40

おじさんは、いったい何と言った？
羊を分ける

難易度 ☺☺☺☺○

年　　　組　名前

おじいさんに育てられた3人の兄弟の話です。兄弟の家には、17頭の羊がいました。おじいさんが死ぬときに、こんなゆいごんを残したのです。
「わしが死んだら、羊を、長男は2分の1、次男は3分の1、三男は9分の1になるように分けなさい」
ところが、17頭の羊を、どうやって分ければいいのかが分かりません。
そこへ、となりのおじさんが来て、あっという間に解決してしまいました。
さて、おじさんは、何と言ったのでしょうか。

答え

お金にならない数学

　芸術作品は、「名作」を創造すれば、1点数億円となります。

　音楽だって、1ステージ何百万円となり得ます。

　では、数学はお金になるのでしょうか。

　数学は、いかに偉大な発見であったとしても、あまりお金になりません。

　数学者で、億万長者になった人は……私の知っている限りでは、いません。

　だとすれば、数学者が「発見」したものは、どのような評価がなされるのでしょうか。

　たとえば、コラム1（P.32）で挙げた「ピタゴラスの定理」は、それが発見された古代ギリシャの時代から現代に至るまで色あせず、朽ちることなく、流行にも関係なく存在し続けています。

　だれが使おうと、だれも文句は言いません。使用料をとられることもありません。

　いってみれば、だれもが自由に手にとり、自由に使うことのできる特殊な芸術作品のような存在なのです。

　ゴッホの絵のように、遠くから観て崇められるようなものとは、根本的に違う種類の芸術作品なのです。

　そういう意味でいえば、数学の発見とは、「ユニバーサル・アート」なのだといえるかもしれません。

　発明品には、「特許」がかけられます。

　でも、物理の法則や、数学の公式は、特許法によって独占的に利用してはいけないことになっています。

　なぜかというと、それは人類普遍の共有財産だからです。

　たとえば、ニュートンの「運動の法則」（第2法則）$F = ma$（力＝質量 × 加速度）に特許をかけてしまうと、その特許権の保有者に無断で $F = ma$ を使ったものは、すべて処罰されてしまうことになってしまうのです。

　しかし、世の中の現象の多くは、この法則によって起こっているわけです。

　この現象を説明するたびに、特許料をカウントすることは、不可能です。

　数学の公式は、あくまでも「発見」であり、「創造」ではないのです。

　だから、数学者が特許料で億万長者になることがないのです。

Chapter

3

きまりを見つける
算数あそび

規則や法則性に注目し、
きまりを見つけ出すあそびを
紹介します。

41

正解の数は、いくつかな？

○×クイズ

難易度 ☺☺☺☺○

年　　　組　名前

カナ、シゲコ、エイタ、アケミの 4 人は、○×クイズにチャレンジしました。
4 人がそれぞれの問題で次のように答えた結果、カナとエイタは 5 問、シゲコは 6 問正解でした。アケミは何問正解したでしょうか。

	1	2	3	4	5	6	7	8	9	10	正解数
カ　ナ	×	○	×	○	○	×	×	×	×	○	5
シゲコ	×	○	○	○	×	○	○	×	○	○	6
エイタ	○	○	×	○	○	×	○	×	○	×	5
アケミ	○	×	×	×	○	×	×	○	×	×	?

答え

42

問題はそれぞれ何点かな？

テストは何点？

難易度 ☺☺☺☺○

年　　組　名前

イロハ、ソウタ、ケイト、ホナミは、5問すべて正解すると100点になるテストを受けました。4人の点数と、それぞれの問題の正解、不正解は、次のようになりました。それぞれの問題の配点は何点ですか。

	1問目	2問目	3問目	4問目	5問目	合計
イロハ	×	○	○	○	×	55点
ソウタ	×	○	○	×	○	50点
ケイト	○	○	×	×	×	35点
ホナミ	×	○	○	×	×	25点

答え

1問目（　　　点）　2問目（　　　点）　3問目（　　　点）
4問目（　　　点）　5問目（　　　点）

43 みんなは何を習っている?
シゲルの習いごと

難易度 ☺☺○○○

年	組	名前

同じクラスの4人が、習いごとについて話し合っています。4人の習いごとはバラバラです。野球、サッカー、プログラミング、習字です。4人の話の内容から、シゲルの習いごとが何かを答えましょう。

シゲル「ぼくは、運動が苦手だから、スポーツを習うことにしたんだ」

トオマ「プログラミングって、おもしろそう。やってみたいな」

ハルミ「トオマは、サッカーがうまいんだけど、習っていないよね」

アサコ「わたしは、習字をやっているの」

	野球	サッカー	プログラミング	習字
シゲル				
トオマ				
ハルミ				
アサコ				

答え _____

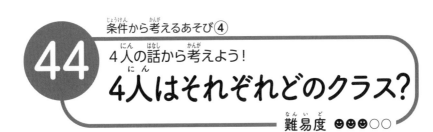

4人の話から考えよう！

4人はそれぞれどのクラス？

難易度 😊😊😊○○

年　　　組　名前

4人は1組から4組のそれぞれのクラス代表です。4人の話から、下の表に〇と×を書き入れましょう。

シゲル「1組じゃないんだ」
トオマ「2組じゃないよ」
ハルミ「3組だよ」
アサコ「シゲルはとなりの組だよ」

	1組	2組	3組	4組
シゲル				
トオマ				
ハルミ				
アサコ				

45 話を聞いて、学年を明らかにしよう！
6人の代表者

難易度 ☻☻☻○

年　　組　名前

6人は、1 ～ 6 年生のそれぞれの代表です。タロウが何年生か答えてください。

タロウ「高学年だよ」　　　　　　　　フミカ「3 年生なの」
ミツコ「ヨシオよりも、上の学年です」　ヨシオ「4 年生じゃないよ」
イチカ「ムツオより 1 つ上の学年だ」　ムツオ「低学年じゃないんだ」

	低学年		中学年		高学年	
	1年生	2年生	3年生	4年生	5年生	6年生
タロウ						
フミカ						
ミツコ						
ヨシオ						
イチカ						
ムツオ						

答え

46 使われていない数字はどれ？
デジタル数字パズル

難易度 😊😊○○○

年　　　組　名前

次の図は、0～9のうちの9つの数字を1つずつ組み合わせたものです。
デジタル数字のうち、使われていない数字を1つ見つけましょう。ただし、
数字はどれも重なっていません。

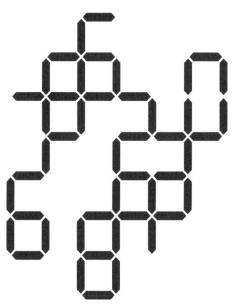

デジタル数字

$$0123456789$$

答え

形を見て考えるあそび②

47

線を加えて重ねよう！
鉛筆の置き方

難易度 ☺☺☺○○

年　　　組　名前

鉛筆が重なっています。どの鉛筆も、傾いていません。重なり方が分かるように、線を書き加えてください。

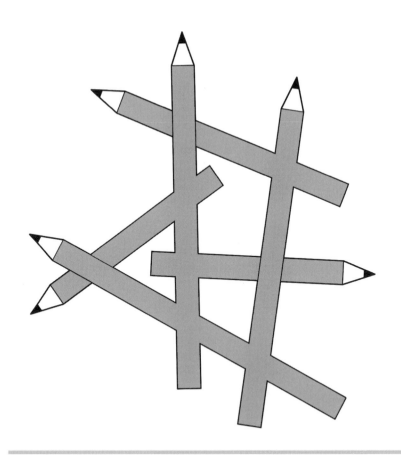

形を見て考えるあそび③

48 3枚のシートを選び出せ！ 透明なシートを重ねよう

難易度 ☻☻☻○○

年　　組　名前

透明なシートに○が書かれています。このうち３枚を重ねて、マスすべてに○が入るようにします。ただし、シートを回転させたり、裏返したりしてはいけません。どのシートを使えばいいか、記号で答えましょう。

（ア）

		○
○		○

（イ）

	○	
		○
	○	

（ウ）

	○	
○		
	○	

（エ）

		○
	○	
○		

（オ）

○		○
	○	

（カ）

○		
○		
	○	

答え

49 切ったら、何本になるのかな？ グニャグニャのひもを切ろう

難易度 ☻☻☻○○

年　　組　名前

ひもがグニャグニャに置かれています。このひもを一直線で切ると、何本に分かれるでしょうか。

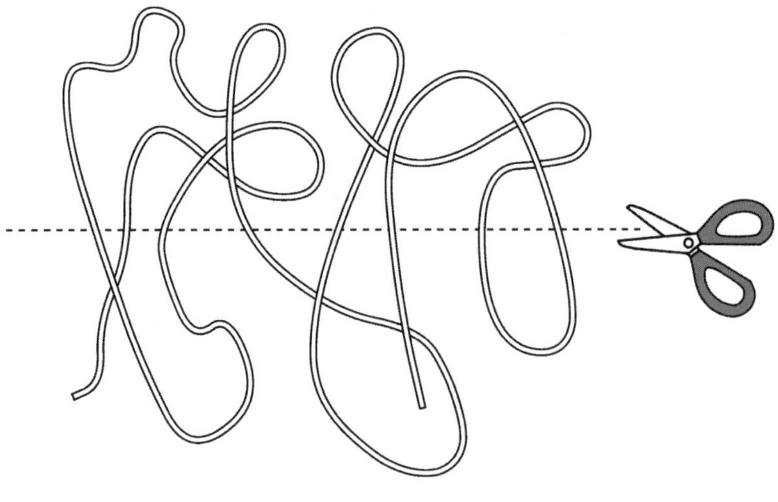

答え

50 ロープを使って島へわたろう！
無人島へわたるには？

難易度 😊😊😊○

年　　　組　名前

真ん中に無人島のある湖があります。この無人島には木が1本生えています。また、湖のほとりにも木が1本生えています。湖はとても深く、木から木までは80mあります。湖をわたって、ほとりから無人島に行こうと思っている人がいますが、この人は泳げません。ただし、300mのロープを1本持っています。どのようにすれば、無人島までたどりつくことができるでしょうか。

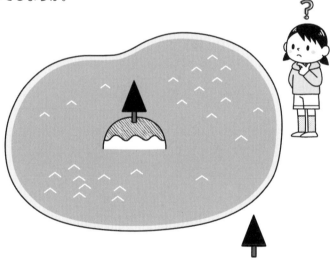

答え

51 きまりを見つけて数字を入れろ！
どんな数字が入るのかな？

難易度 ☻☻○○○

年　　　組　名前

数字が、ある決まりで並んでいます。どんな決まりかを考えて、□に入る数字を答えましょう。

① 10　9　8　7　□　5

② 1　2　3　4　□　6

③ 2　4　6　8　□　12

④ 13　16　19　22　□

⑤ 67　61　55　49　□

⑥ 1　2　4　7　11　□

52 「ある法則」を探し出せ！
数の法則

難易度 ☺☺☺○○

年　　　組　名前

それぞれの数は、矢印の方向へ、ある法則に従って並んでいます。□に当てはまる数を答えましょう。

① 1 → 3 → 7 → □ → 21

② 1 → 2 → 4 → 8 → □ → 32

③ 1000 → 200 → □ → 8

④ 2 → 4 → 16 → □ → 65536

53

規則を見つけて数を入れよう!
真ん中に入る数字

難易度 ☺☺☺○

年　　組 名前

ある規則に従って、数字が並んでいます。?に入る数字を、それぞれ答えましょう。

①

1	→	8	→	15

15 → 22

36	←	?	←	22

36 ↓

43	→	50	→	57

答え _____

②

9	18	5

10	→	?	→	5

0	13	4

答え _____

54 きまりを見つけて数字を答えよう！
なぞの数

難易度 ☺☺☺☺○

年　　　組　名前

数字が、ある決まりで並んでいます。どんな決まりか考えて、□に入る数字を答えましょう。

① 90　83　76　69　□

② 9　12　10　13　11　□

③ 1　4　9　16　25　□

55 難しいルール、分かるかな？
ルール見つけ

難易度 ☺☺☺☺☺

年　　　組　名前

下の数の列は、それぞれあるルール通りに並んでいます。□の中に入る数が何か見つけましょう。

① 1、3、5、7、□、11、13、15、…

② 98、91、84、77、□、63、56、49、…

③ 1、2、4、8、16、□、64、128、…

④ 729、243、81、□、9、3、1、…

⑤ 1、4、9、□、25、36、49、64、81、…

⑥ 1、2、4、7、11、16、□、29、37、…

⑦ 1、1、2、3、5、8、□、21、34、55、…

⑧ 1、2、2、4、8、□、256、8192、…

⑨ $\frac{2}{3}$、$\frac{4}{5}$、$\frac{2}{3}$、$\frac{8}{15}$、□、$\frac{4}{11}$、$\frac{14}{45}$、…

⑩ 1、11、12、1121、1321、□、132231、…

56

2つのおかしを比べよう！
どちらが高い？

難易度 ☺☺○○○

年　　　組　名前

カナコはおかしを買いに行きました。持っているお金で、できるだけ多くビスケットを買った後、あまったお金で板チョコを1枚買いました。さて、ビスケット1個と板チョコ1枚では、どちらが高いでしょうか。

答え

57

何人でトランプゲームをしているのかな？

トランプ配り

難易度 😊😊😊○○

___年___組 名前___

ジョーカーを1枚ふくむ53枚のカードを均等になるように配ったところ、カードを8枚持っている子と、9枚持っている子がいました。何人でトランプゲームをしていますか。

答え___

文章から考えるあそび③

58 よ～く考えると、どこかがおかしい！
一年生になったら

難易度 ☺☺☺○○

年　　　組　名前

童謡「一年生になったら」は、よく考えるとおかしいところがあります。
どこが、どのようにおかしいのでしょうか。

> 一年生になったら
>
> 一年生になったら
>
> ともだち 100 人できるかな
>
> 100 人で食べたいな
>
> 富士山の上でおにぎりを

答え

59

1人のうそつき、見つけ出せ!
うそつきは、だれだ?

難易度 😊😊○○○

年　　　組 名前

正直者は必ず本当のことを言い、うそつきは必ずうそを言います。4人のうち1人だけいるうそつきは、だれでしょうか。

タロウ「ぼくは、アイスがすきです」
ユ　カ「わたしは、正直者です」
タツキ「タロウくんは、アイスがきらいです」
アヤカ「タツキくんは、うそつきです」

答え

60

ビンには何が入ってる？
しょう油と油と酒

難易度 ☻☻☻☻○

年　　組　名前

ここに3本のビン①、②、③があり、ビンにはそれぞれしょう油か油か酒が入っています。このうち、少なくとも酒のビンにはうそのラベルがはられています。どのビンに、何が入っているか考えてください。

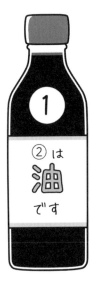

②は
油
です

油
では
ありません

油
では
ありません

答え　①　　　　　　②　　　　　　③

便利な道具「ジャマイカ」

「ジャマイカ（JAMAICA）」という算数教具があります。サイコロで出てきた数字を計算して、指定された数にするゲームです。黒いサイコロの数字を足した数を、白いサイコロの数字で四則計算して求めるというものです。

右のような場合であれば、黒いサイコロの数字10と5を足した15を、白いサイコロの数字1、4、3、5、6を使って求めていきます。例えば、

$6 \times 5 = 30$、$4 - 3 = 1$、$1 + 1 = 2$、$30 \div 2 = 15$ と求めることができます。1つの式にするなら、$6 \times 5 \div (4 - 3 + 1) = 15$ ということです。

ほかにも、いろいろな式が考えられます。

あそびながら、計算力を身につけられます。解き方を説明できてこそ、「解けた」と言うことができるので、「まず〜、次に〜、最後に〜」と話す中で、説明する力も身につきます。

教室に置いておくだけで計算への意欲向上に役立てられますが、授業内においても活用することができます。

テレビやプロジェクターに接続できるカメラがある場合は、これをそのまま映し出すようにするといいでしょう。また、カメラでこのジャマイカを3枚ほど撮っておき、映し出すのもいいです。

このような機材のない場合には、黒板にチョークで書き写すのも、手間いらずで便利です。教師が教卓でサイコロをふります。黄色チョークで書く数字を、黒いサイコロとして見立てて、円の中に数字を書き入れます。

授業での使い方は、次のように行います。

基本は、ペアで対戦です。「となりの人と勝負します。はやく説明できた人が勝ちです」というように説明します。

となりの人との勝負の後、全員で一斉に解き方を確認します。

グループ代表が1人ずつ勝負したり、クラス全体の中で代表者2人を決めて対戦したりするなど、対戦の方法を変化させることで、さらに楽しむことができます。

Chapter
4

図形を使った
算数あそび

. . .

じっくり見て考える。
書き込んで、発見して、感動！
そんな図形あそびを紹介します。

61

タイルの種類は何だろう？
3種類のタイル

難易度 😊😊😊○○

年　　　組　名前

クローバー、ハート、ダイヤの3種類の六角形のタイルがたくさんあります。花子さんは、このタイルを同じマークがとなり合わないようにはりました。?には、どのマークのタイルをはりましたか。

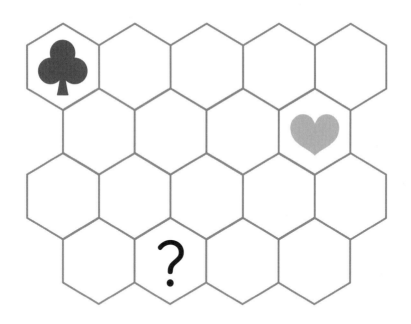

答え

62

三角形づくり

難易度 ☺☺☺☺○

年　　組　名前

下の図には、三角形が1つあります。この図の中に、2本のまっすぐな線を書き出して、重ならない三角形を5つつくりましょう。

練習用

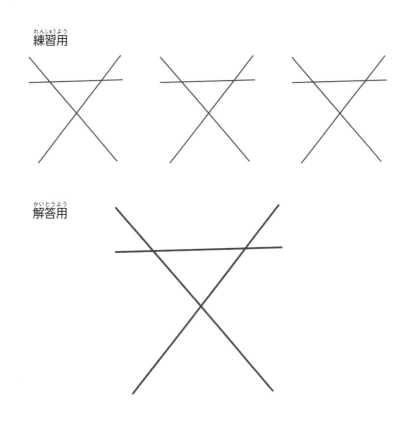

解答用

多角形のあそび③

63 かくれた図形を見つけよう！
図形はいくつある？

難易度 ☺☺☺○

年　　組　名前 _____

下の図の中に、図形がいくつあるでしょうか。全部かぞえましょう。

①平行四辺形

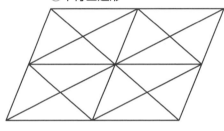

答え _____

②正三角形

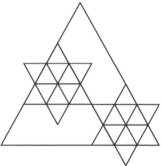

答え _____

③正方形

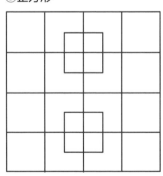

答え _____

64

面積は何倍？

難易度 ☺☺☺○○

年　　組　名前

図1では、正三角形の中に円が接していて、その円の中に正三角形が接しています。外の正三角形の面積は、中にある正三角形の面積の何倍でしょうか。また、図2では、正方形の中に円が接していて、その円の中に正方形が接しています。外の正方形の面積は、中にある正方形の面積の何倍でしょうか。

図1　　　　　　　　　　　　　図2

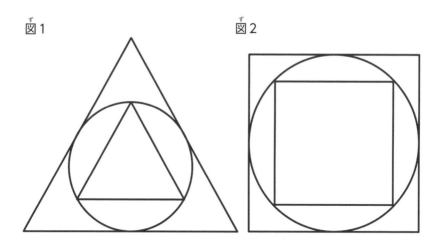

答え _____　　答え _____

年　　　組　名前

大きさの違う正方形の折り紙を3枚並べると、次のようになりました。真ん中の正方形の一辺の長さは何㎝でしょうか。

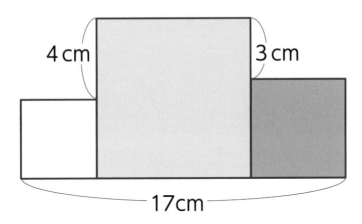

4 cm　　　　　　3 cm

17cm

答え

66

5人で同じに分けよう！

仲良く分けよう

難易度 ☺☺○○○

年　　　組　名前

図1のようなチョコレートをもらったので、5人で仲良く図2の形に分けました。図1のチョコレートを分けた部分に線を引きましょう。

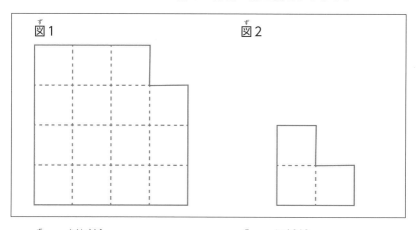

図1　　　　　　　　　　　　　図2

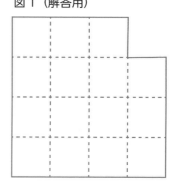

図1（練習用）　　　　　　　図1（解答用）

67

ピッタリすきまなく入れるには?

2つのピース

難易度 😊😊😊○○

年　　　組　名前

㊀と㋑のピースがたくさんあります。合計 10 個のピースを、ケースの中にピッタリすきまなく入れることができました。㊀と㋑のピースは、それぞれ何個入れましたか。

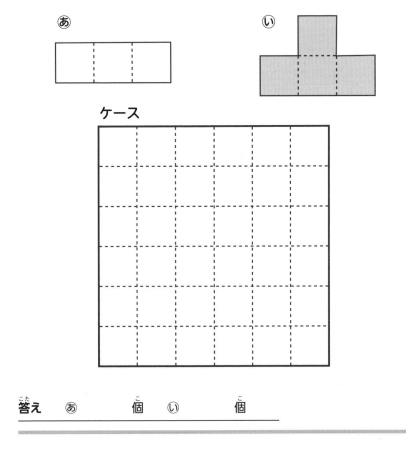

答え　㊀　　　個　㋑　　　個

68

同じ形に分けてみよう！
合同分け

難易度 ☺☺○○○

年　　　組　名前

点線に沿って、2つの同じ図形に切り分けます。回したり、裏返したりして重なるものは、同じ形とします。

例題①

①

②

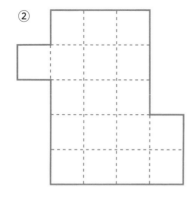

③

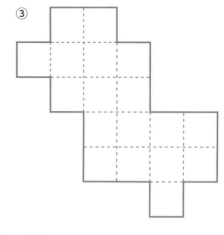

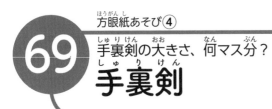

69

手裏剣の大きさ、何マス分？
手裏剣

難易度 😊😊😊○○

年　　　組　名前

色鉛筆で、小さな正方形のマス目に手裏剣を描きました。手裏剣は、何マス分の大きさですか。

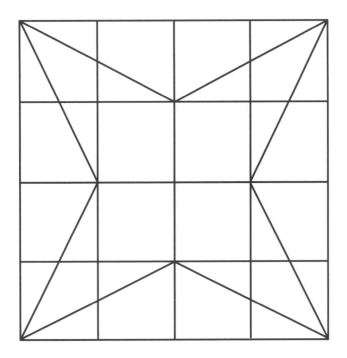

答え　　　　　　　　　　　マス

70 混ざった積み木を見つけよう！
積み木の片付け

難易度 ☺☺☺○○

年　　組　名前

形の違う積み木が5つあります。本当は4つの積み木のセットなのですが、1つ違う積み木が混ざってしまいました。セットの積み木は、箱にぴったり片付けることができます。混ざってしまった積み木は、①〜⑤のどれでしょうか。

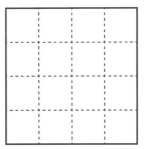

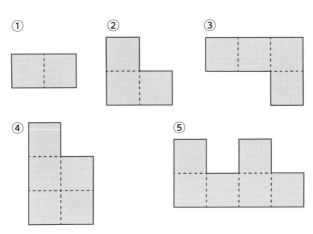

答え

71

線を書き入れ、陣地を取ろう！
ドットアンドボックス

難易度 ☺○○○○

年　　　組 名前

2人組になって、ゲームをします。順番を決めて、図の中に線を1本ずつ書き入れていきます。四角形ができたら、自分の陣地（○または×）にすることができ、さらにもう1本線が引けます。終わった時に陣地が多い人が勝ちです。

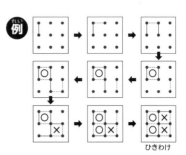

例

ひきわけ

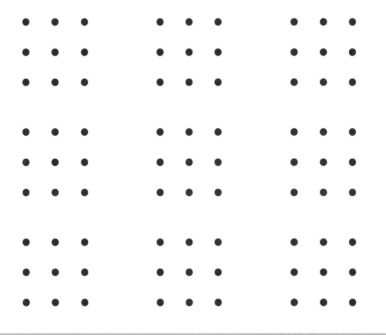

72 いらない線は、どれだろう！
消して一筆

年　　　組　名前

下の図は、一筆書きでは描けません。ただし、●と●の間の線を1本だけ消せば、一筆書きができるようになります。どの線を消せばいいでしょうか。線に×をつけましょう。

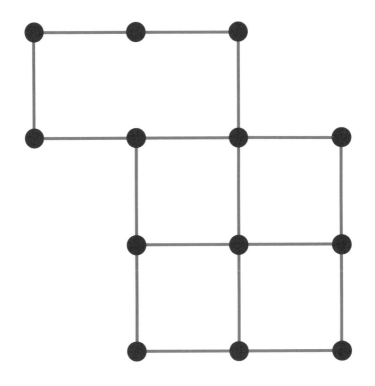

73 線で結べば正方形！
正方形づくり

難易度 ☺☺☺○○

年　　　組　名前

図の●から4点を選んで線を結び、正方形を描きましょう。

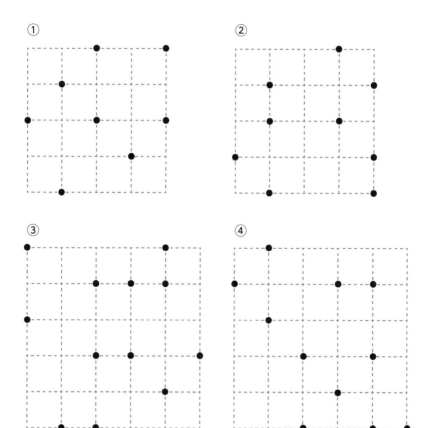

ドット図あそび④

74 正三角形は、どこにある！
正三角形見つけ

難易度 ☻☻☻○○

年　　組　名前

図の点のうち、3つの点を線で結ぶとできる正三角形がいくつあるか、かぞえましょう。

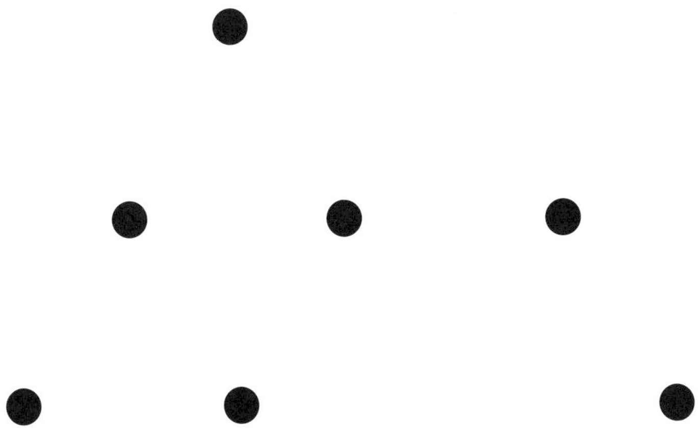

答え

75 直線を折って、点を結ぼう！
1本結び

難易度 ☺☺☺☺☺

年　　　組　名前

9つの点を1本のまっすぐな線でつなげます。ただし、折れていいのは3回だけです。

練習用

解答用

76 あみだくじを完成させよう！
あみだくじ

難易度 ☺☺☺○○

年　　組　名前

図のあみだくじに、なるべく少ない本数の横線を引いて、上のひらがなと下のカタカナが同じ文字で結びつくようにします。どのような線の引き方があるでしょうか。

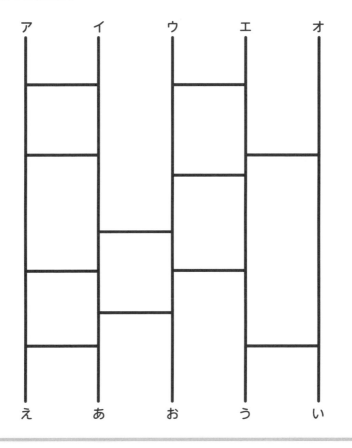

77 一部から全体を考えよう！
なぞのカレンダー

難易度 ☺☺☺○

年　　　組　名前

ある月のカレンダーの一部分を見てみると、次のように並んでいました。
この月の1日は、何曜日でしょうか。

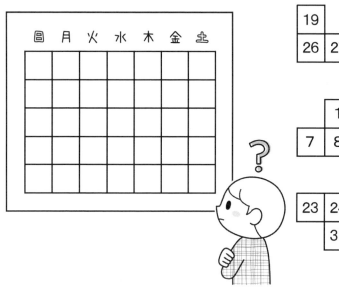

答え

78 一筆書きにするには、どうすればいい?
3本の一筆書き

難易度 😊😊😊😊😊

年　　　組　名前

3本の曲がりくねった線があります。これは、じつは一筆書きで書かれたものだといいます。いったいどういうことなのでしょうか。

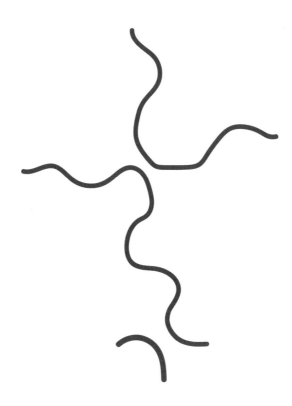

79 酒屋さんと一升枡

どうやれば量ることができるかな？

難易度 ☺☺☺○

年　　　組　名前

ある酒屋さんは、酒の量り売りをしています。いつも手に持っているのは一升枡だけです。満タンにすれば1升（10合）入るものです。それでも、「5合ください」と言うお客の要求に簡単にこたえています。さて、酒屋さんはどうやって量っているのでしょうか。

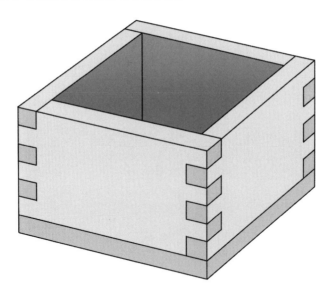

答え

80 美しい絵、描けるかな？
コンパスデザイン

難易度 😊😊😊○○

年　　　組　名前

コンパスを使って、下のような絵を描きましょう。

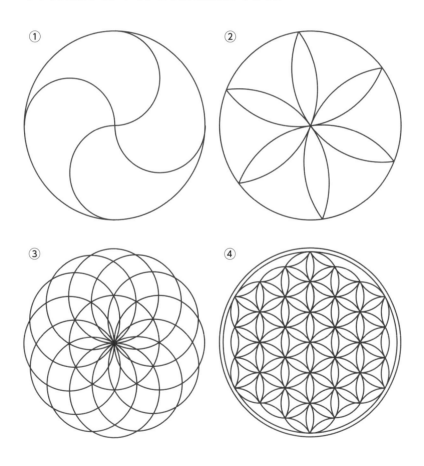

① ② ③ ④

＋－×÷の元

　＋－×÷などの算数の計算に使う記号を、「演算記号」といいます。

　この記号は、だれが、いつ、つくったのでしょうか。一説を紹介します。

・足し算

　1489 年、ドイツの数学者ウィッドマンの本に出てきますが、そのときは演算記号ではなく、たし算の記号は「et」でした。

　「et」は、ラテン語で「and（そして）」を表します。この字が崩れて「＋」になったといわれます。使われたのは 1514 年、オランダの数学者ホェッケの本がはじめてです。

・引き算

　ヨーロッパでは、「minus」の頭文字を「m〜」としていました。この「〜」が「－」になったといわれています。

・かけ算

　「×」の記号は、17 世紀にイギリスのオートレッドという人が、キリスト教の十字架を斜めにしてかけ算の記号にしたのが始まりといわれています。それまでは、アルファベットの「X」が使われていました。

・わり算

　「÷」の記号は、17 世紀にスイスのラーンという人が使い始めました。記号の横線は分数の線です。上の点が分子、下の点が分母を表しています。国によっては、「／」や「：」を使っているところがあるそうです。日本では、どちらの記号も使いますが、「3：5」というように、比を表すときなどで主に使われています。

・等号

　「＝」の左にある数や式と、右にある数や式が等しいということを表しています。1557 年、イギリスの数学者レコードが「2 本の平行線は、どこまでも等しい」ことから、この記号を使い始めたといわれています。

Chapter
5

クイズで楽しむ
算数あそび

頭をよ～くひねらなければ分からない、
算数を使ったおもしろクイズを
紹介します。

８月１日は何曜日？

難易度 ☺☺☺☺○

年　　　組　名前

ある年の８月は、日曜日と水曜日が同じ回数あります。この年の８月１日
は何曜日でしょうか。

答え

82

どうすれば重さが量れるかな？

象の重さ

難易度 ☺☺☺○○

年　　　組　名前

あるところに、大きな象が送られてきました。しかし、大きすぎて、それだけの重さを量れるはかりがありません。どうすれば重さを量ることができるでしょうか。

答え

83

折らずに送るには、どうすればいい?
荷物を送る方法

難易度 😊😊😊○○

年　　　組　名前

ある男が、長さ 1.3m のつりざおを送ろうとしましたが、窓口で一片の長さが 1m を超えるものは送れないと断られてしまいました。しかし、男は、ある工夫をすることによって、見事送ることに成功しました。男は、どんな工夫をしたのでしょう。つりざおを折ったり、曲げたりすることはできません。

答え

84

木の運び方を工夫しよう！
3本の木

難易度 😊😊😊○○

年　　　組　名前

ある村のお金持ちが家を建てるにあたり、3人の職人を呼びました。高い賃金を支払うかわりに、条件があると言います。その条件は、次のとおりです。「めずらしい木が3本用意してある。これを、1人が2本ずつ担いで持ってくるように」というものでした。職人たちは、どのように持てばいいのでしょうか。

答え

85

すべて運べるのは、どんな順番？

川をわたるには？

難易度 😊😊😊😊○

年　　　組　名前

キャベツとヤギとオオカミを運んでいる人が、船に乗って川をわたろうとしています。船に乗れるのは、運ぶ人と、どれか1つだけです。人がいなくなってしまうと、オオカミはヤギを食べてしまい、ヤギはキャベツを食べてしまいます。すべてのものを向こう岸に運ぶには、どんな順番で運べばいいでしょうか。

答え

86

よ〜く考えて計算しよう！
エレベーターの所要時間

難易度 😊😊😊😊○

年　　　組　名前

1 階から直通で 5 階まで上るのに 4 秒かかるエレベーターで、1 階から直通で 10 階まで上る所要時間は何秒でしょうか。

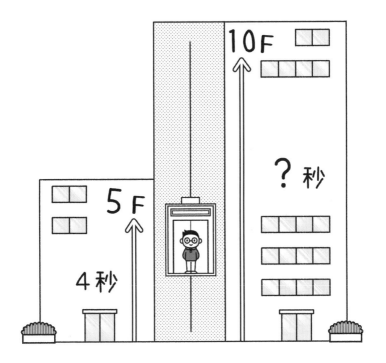

答え

87

最短で焼くには、どうすれば？

魚を焼くのにかかる時間

難易度 😊😊😊😊○

年　　　組　名前

同時に3匹まで焼ける魚焼き器があります。3匹までなら何匹のせても片面を焼くのに5分かかります。4匹の魚を焼くには最短で何分かかりますか。

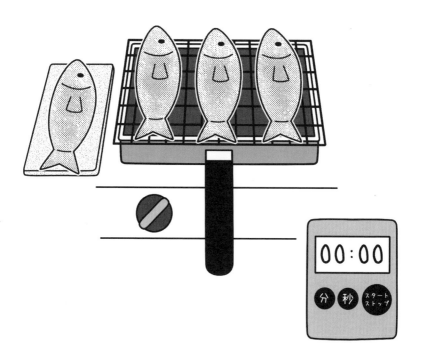

答え

88 頂上へ行くには、何日かかる?
カタツムリの木登り

難易度 ☺☺☺○○

年　　　組　名前

高さが11mの木があり、カタツムリが登ろうとしています。カタツムリは日中に5m登り、夜中に4mずり落ちてきます。木の頂上に達するのは何日目でしょうか。ただし、一度頂上にたどりついたら、もうずり落ちることはありません。

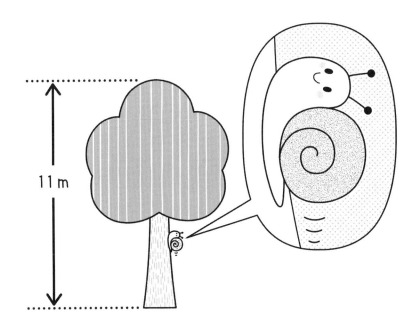

11m

答え

89

どんな数字が入るのかな？
11種類の図形

難易度 ☺☺☺○

年　　組　名前

11種類の図形の暗号パズルがあります。図形は、0〜12までの数字を表しています。どの図形がどの数字なのか考えましょう。

◯ × △ = △　　　□ × □ = ⬭

△ × □ = △　　　□ × ◪ = ✚

⬠ × ♡ = ⬠　　　□ × ♤ = △

♡ × ♤ = ♤　　　⬭ × ♤ = ✚

☆ × □ = ⬠　　　⬭ × □ = ◯

♤ × ♤ = ✸　　　□ × □ × □ = ◯

答え ◯ →　　　△ →　　　□ →　　　⬠ →

♡ →　　　♤ →　　　✚ →　　　☆ →

✸ →　　　◪ →　　　⬭ →

90

数字を入れて成り立たせよう！
ABC計算

難易度 ☺☺☺☺○

年　　　組　名前

次の英字に1～9の数字を入れて、計算が成り立つようにしなさい。同じ英字に、同じ数字が入ります。

①
$$
\begin{array}{r}
AB \\
BA \\
+B \\
\hline
AAB
\end{array}
$$

②
$$
\begin{array}{r}
CDE \\
+CE \\
\hline
DEC
\end{array}
$$

①答え A（　　）B（　　）　　②答え C（　　）D（　　）E（　　）

91 正しい時計を書けるかな？
針のはずれた時計

難易度 ☺☺☺○○

年　　組　名前

丸い時計を落としてしまい、針がはずれてしまいました。今は3時50分です。正しい位置に長針を書きましょう。

92

鏡にうつった時間を考えよう！
鏡の中の時計

難易度 ☻☻○○○

年　　　組　名前

鏡を見ると、時計が下のようにうつっていました。何時何分でしょうか。

答え

93

リンゴの数は、それぞれ何個？

リンゴがり

難易度 ☺☺☺☺○

年　　組　名前

5人でリンゴがりに行きました。5人で24個のリンゴを取りました。5人はそれぞれ何個ずつリンゴを取りましたか。

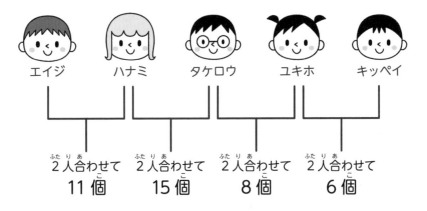

エイジ	ハナミ	タケロウ	ユキホ	キッペイ

2人合わせて
11個

2人合わせて
15個

2人合わせて
8個

2人合わせて
6個

答え エイジ (　　　) 個　ハナミ (　　　) 個　タケロウ (　　　) 個
　　　ユキホ (　　　) 個　キッペイ (　　　) 個

94

果物の重さを比べよう!

ミカン何個分?

難易度 ☺☺☺○○

年　　　組　名前 _____

3種類の果物を天びんにのせて、重さを比べます。メロン1個は、ミカン何個とつり合いますか。

答え _____

95 重さはそれぞれ何グラム？
プレゼントの重さ

難易度 ☺☺●○○

年　　　組　名前

10ｇ、20ｇ、30ｇ、40ｇのプレゼントが1つずつあります。天びんにのせると、下の図のようにつり合いました。A～Dのプレゼントの重さは、それぞれ何ｇでしょうか。

答え　A（　　　）g　B（　　　）g　C（　　　）g　D（　　　）g

96

糸を通すには、どうすれば？
玉と穴

難易度 ☺☺☺○○

年　　　組　名前

大きな玉の中に、曲がりくねった穴が開いています。この中に糸を通します。どうすれば通すことができるでしょうか。

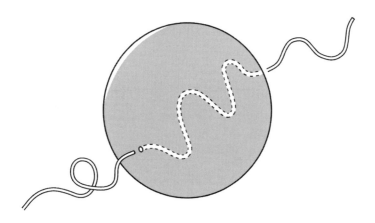

答え

97

何本残っているのかな？

消えなかったロウソク

難易度 ☺☺☺○

年　　組　名前

_____

ロウソクが7本あります。このロウソクは、火をつけてから1時間くらいで燃えつきて、なくなります。7本のロウソクに、ほぼ同時に火をつけました。風が吹いて、2本のロウソクの火が消えました。それから後は、火が消えたり、つけ直したりしませんでした。さて、火をつけてから、2時間たった時、ロウソクは何本残っているでしょうか。

答え

_____

98

砂時計で7分計ろう！
砂時計

難易度 😊😊○○○

年　　　組　名前

5分計と3分計の砂時計が、それぞれ1個あります。この2つを使って、7分を計る方法を考えてください。ただし、ひっくり返す時間は加えません。

5分

3分

答え

99 両がえするために、何をわたす？
1000円札の両がえ

難易度 😊😊😊○○

年　　組 名前

　あなたは町はずれの雑貨店の店主です。ある日、男が現れて、両がえをたのんできました。男が出したお金は1000円札1枚です。これを、500円玉と100円玉、50円玉、10円玉を混ぜて全部で38枚にしてほしいと言います。さて、どれを何枚わたせばいいでしょうか。

答え　　　500円玉（　　　　）枚　100円玉（　　　　）枚
　　　　　 50円玉（　　　　）枚　 10円玉（　　　　）枚

100

全部で何本もらえるのかな？
3本飲むと1本サービス

難易度 ☺☺☺○

年　　　組　名前

あるお店では、ジュースの空きカンを 3 本持っていくと、サービスで 1 本のジュースがもらえます。15 本のジュースを買うと、全部で何本のジュースを飲むことができるでしょうか。

答え

101 どっちがお得になるのかな？
2つの駐車場

難易度 ☺☺☺☺○

年　　組　名前

2か所の駐車場があります。どちらの駐車場に止めておいたほうがお得なのでしょうか。

駐車場 A
10分 100円 1日24時間以内最大で2000円。

駐車場 B
1時間 400円 ただし、1分でも過ぎたら1時間分追加されます。

答え

紙を何回折れば月までたどり着くのか

　紙を半分に折ると、紙の厚さは2倍になります。

　さらに半分に折ると、元の厚さの4倍になります。

　これを繰り返すと、どれくらいの厚さになるのでしょうか。

　地球から月までの距離は、約38万kmあります。A4サイズの紙（厚さ0.8mm）を、何回折ればその厚さになるのか考えてみましょう。

　10回折ったときの厚さは、2を10回かけると1024なので、ここでは1000と考えて、ざっくりと計算してみます。

　40回折ると、2を40回かけた数は、1000×1000×1000×1000なので、

0.08mm ×1000×1000×1000×1000 = 80000000000mm

約8万kmです。

　41回折ったときの厚さは、8万km × 2 ＝ 16万km

　42回折ったときの厚さは、16万km × 2 ＝ 32万km

　43回折ったときの厚さは、32万km × 2 ＝ 64万km

　なんと、紙を43回折れば、月まで届く厚さになるのです。

　現実的には、本当に紙を折ると、7、8回ぐらいで紙が小さくなり、折れなくなってしまいます。しかし、実際にできなくても、計算すれば、頭の中で紙を月まで届かせることができます。

　実際にはできないことでも、計算で求めることができる。

　これが、算数や数学の魅力の1つということができます。

　算数の授業開きなどで子どもたちへ伝えれば、算数や数学の価値に気付かせることができるのではないでしょうか。

解 答

①

①
4	3	8
9	5	1
2	7	6

6	7	2
1	5	9
8	3	4

②
3	9	16	6
8	14	11	1
10	4	5	15
13	7	2	12

②

① ⑦6 ⑦4 ⑦5 ⑨7

② ⑦5 ⑦6 ⑦4 ⑨9
　 ⑦7 ⑦10 ⑦8

③

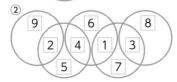

①
5　4
1　2
3

②
9　6　8
2　4　1　3
5　7

④

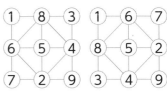

⑤ 解答例

⑥ 答え　ウ→イ→カ→コ→キ→
　　　　ク→エ→ア→オ→ケ

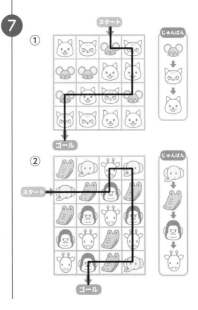

⑦

①

②

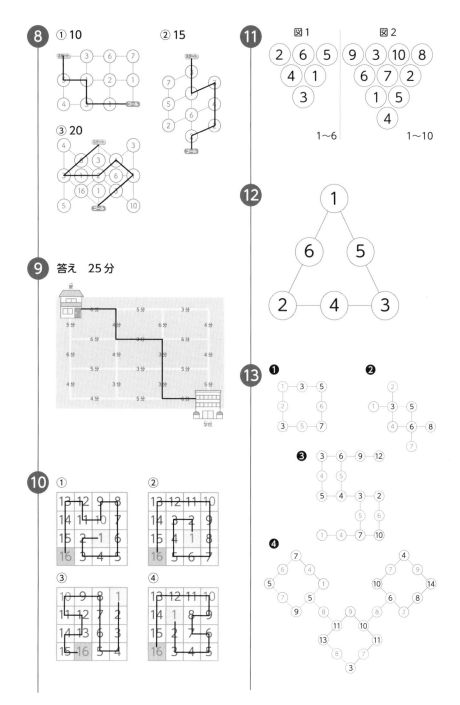

14 答え　T（7）　O（3）　K（4）
　　　　Y（1）　A（0）　S（2）

15 答え　12

＊❷の上の2つの10の位と1の位を
すべて合わせる。2+1+3+6＝12の
ため、答えは12。

16 答え　5枚

＊ナナエが持っているのは、8、5、6、
2、9の5枚。

17 答え　100個

＊1から99までで、3、13、23、
33、43、53、63、73、83、93、合
計10個あると分かる。10個×10＝
100で、100個が答え。

18 答え　31試合

＊1試合につき、1チームが負けると
して考える。優勝の1クラス以外が
すべて負けるので、32－1＝31で、
31試合ある。

19 答え　①（2）L　②（5）L　③（3）L
　　　　④（5）L　⑤（1）L

20 答え　6人

＊●○●○●○●○●○●
○の形にして考えると、1人おきに座
るときが1番人数が多くなる。このこ
とから、1番多いときは6人が座って
いると分かる。

21

3	+	1	+	5	=	9
+		+		+		
8	+	6	+	9	=	23
+		+		+		
4	+	2	+	7	=	13
‖		‖		‖		
15		9		21		

22

1 5 は 3 でわり切れる

2 4 は 6 でわり切れる

✓ ✓
1 2 3 4 5 6

23 答え　あ（16）　い（4）　う（15）
　　　　え（2）

24

4 ＋ 5 ＝ 9

8 － 1 ＝ 7

6 ÷ 3 ＝ 2

25

① $\boxed{10} + \boxed{20} + \boxed{30} = 60$

② $\boxed{30} + \boxed{7} + \boxed{20} = 57$

③ $\boxed{4} + \boxed{3} + \boxed{90} = 97$

④ $\boxed{9} + \boxed{2} + \boxed{50} = 61$

⑤ $\boxed{30} + \boxed{8} - \boxed{2} - \boxed{9} = 27$

⑥ $\boxed{50} + \boxed{9} - \boxed{10} - \boxed{30} = 19$

⑦ $\boxed{80} + \boxed{30} - \boxed{4} - \boxed{60} = 46$

⑧ $\boxed{200} + \boxed{40} - \boxed{90} - \boxed{70} = 80$

⑨ $\boxed{80} + \boxed{40} - \boxed{90} - \boxed{2} = 28$

26 答え　6.28m

＊地球の直径を□mとすると、地球の円周は (□+2)×3.14mになる。
地球の円周は□×3.14mである。
(□+ 2)×3.14 −□×3.14
= {(□+2) −□} ×3.14
= 2×3.14
= 6.28
つまり、6.28mとなる。

27 答え　1、3、3、3、10

28 解答例
482だと、842 − 248=594、
954 − 459=495

29 解答例
6月24日生まれの場合……
① 6×4 + 9=33
② 33×25 + 24=849
③ 849 − 225=624

30

① $11 \times 11 = 121$

$111 \times 111 = 12321$

$1111 \times 1111 = 1234321$

② $1.2345679 \times 9 = 11.1111111$

$1.2345679 \times 18 = 22.2222222$

$1.2345679 \times 27 = 33.3333333$

$1.2345679 \times 36 = 44.4444444$

③ $1 \times 9 + 2 = 11$

$12 \times 9 + 3 = 111$

$123 \times 9 + 4 = 1111$

$1234 \times 9 + 5 = 11111$

④ $1.42857 \times 2 = 2.85714$

$1.42857 \times 3 = 4.28571$

$1.42857 \times 4 = 5.71428$

$1.42857 \times 5 = 7.14285$

31

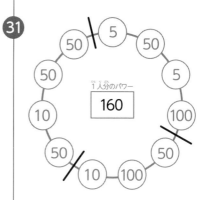

32

4	$+$	4	$-$	4	$-$	4	$=$	0
4	$\div$	4	$\times$	4	$\div$	4	$=$	1
4	$\div$	4	$+$	4	$\div$	4	$=$	2
(4	$+$	4	$+$	4)	$\div$	4	$=$	3
(4	$-$	4)	$\times$	4	$+$	4	$=$	4
(4	$\times$	4	$+$	4)	$\div$	4	$=$	5
(4	$+$	4)	$\div$	4	$+$	4	$=$	6
4	$+$	4	$-$	4	$\div$	4	$=$	7
4	$\times$	4	$-$	4	$-$	4	$=$	8
4	$\div$	4	$+$	4	$+$	4	$=$	9
(4	$\square$	4	$-$	4)	$\div$	4	$=$	10

＊ 4 □ 4 は、4 を 2 つで 44 として計算している。

33

① (4 + 6) × (2 − 1) = 10

② 5 + 8 − 1 × 3 = 10

③ 2 × 7 + 5 − 9 = 10

④ 9 × 8 ÷ 6 − 2 = 10

⑤ (3 + 7) × (6 − 5) = 10

⑥ 6 + 7 − 9 ÷ 3 = 10

⑦ 8 + (4 + 6) ÷ 5 = 10

⑧ 5 × (7 + 9) ÷ 8 = 10

34 解答例

1 + 2 + 3 − 4 + 5 + 6 + 78 + 9 = 100

123 − 45 − 67 + 89 = 100

1 × 2 × 3 × 4 + 5 + 6 + 7 × 8 + 9 = 100

1 + 2 + 3 + 4 + 5 + 6 + 7 + 8 × 9 = 100

1 × 2 × 3 − 4 × 5 + 6 × 7 + 8 × 9 = 100

123 + 45 − 67 + 8 − 9 = 100

123 − 4 − 5 − 6 − 7 + 8 − 9 = 100

1 + 2 + 34 − 5 + 67 − 8 + 9 = 100

1 + 23 − 4 + 5 + 6 + 78 − 9 = 100

12 + 3 + 4 + 5 − 6 − 7 + 89 = 100

123 + 4 − 5 + 67 − 89 = 100

12 − 3 − 4 + 5 − 6 + 7 + 89 = 100

−1 + 2 − 3 + 4 + 5 + 6 + 78 + 9 = 100

1 + 23 − 4 + 56 + 7 + 8 + 9 = 100

35 答え　270

＊縦に計算すると、30 が 9 個あるため、30 × 9 = 270 なので、答えは 270。

36
タロウ　（2）回
カナコ　（1）回
シゲホ　（3）回
ミキ　　（0）回

＊ミキは、みんなの勝った回数はバラバラだと言っている。このことから、4 人で対戦しているので、0 回、1 回、2 回、3 回のどれかになる。まったく勝っていないのはミキなので、ミキが 0 回になる。まったく負けていないのはシゲホなので、シゲホが 3 回になる。タロウは、カナコに勝ち、ミキに勝ち、シゲホに負けているので、2 回。よって、カナコが 1 回となる。

37
大当たり… (190) 点
中当たり… (120) 点
小当たり… (70) 点

38 答え　時速 48km

＊学校と公園の間の距離を仮に 120km とすると、行きは 120 ÷ 60=2 時間、帰りは 120 ÷ 40=3 時間。往復 240 km を 5 時間で走っているので、平均時速は 240 ÷ 5=48 となる。

39 答え　21 回

＊長針が短針を追い抜くのは、1 時、2 時、3 時、4 時、5 時、6 時、7 時、8 時、9 時、10 時、12 時、13 時、14 時、15 時、16 時、17 時、18 時、19 時、20 時、21 時、22 時台の計 21 回となる。

40

答え 「私の1頭をあげよう」

＊まず 17 ＋ 1 ＝ 18 として、長男は
18 ÷ 2 ＝ 9、次男は 18 ÷ 3 ＝ 6、
三男は 18 ÷ 9 ＝ 2 となり、これで合
わせて 17 頭になる。そして、余った
1 頭は、おじさんの元へ返す。

41

答え 4

＊シゲコとアケミの解答が正反対であ
ることから、シゲコの間違えたところ
が、アケミの正解だと分かる。よって、
10 － 6 ＝ 4 で、4。

42

**1 問目 (20 点) 2 問目 (15 点)
3 問目 (10 点) 4 問目 (30 点)
5 問目 (25 点)**

＊ソウタとホナミの差は 25 点なので、
5 問目は 25 点と分かる。ソウタとイ
ロハを比べると 5 点差なので、4 問目
は 30 点。ケイトとホナミの差が 10
点のため、1 問目は 3 問目より 10 点
高いと分かる。

43

答え サッカー

	野球	サッカー	プログラミング	習字
シゲル	×	〇	×	×
トオマ	〇	×	×	×
ハルミ	×	×	〇	×
アサコ	×	×	×	〇

44

	1組	2組	3組	4組
シゲル	×	〇	×	×
トオマ	×	×	×	〇
ハルミ	×	×	〇	×
アサコ	〇	×	×	×

45

答え 6年生

	低学年		中学年		高学年	
	1年生	2年生	3年生	4年生	5年生	6年生
タロウ	×	×	×	×	×	〇
フミカ	×	×	〇	×	×	×
ミツコ	×	〇	×	×	×	×
ヨシオ	〇	×	×	×	×	×
イチカ	×	×	×	×	〇	×
ムツオ	×	×	×	〇	×	×

46

答え 1

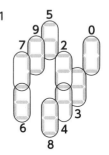

47

127

48 答え　（ア）、（ウ）、（オ）

49 答え　9本

＊（切ったところの数）+1 ＝（ひもの本数）で解くことができる。切ったところが8か所なので、8+1=9で、答え9本。

50 答え　湖のほとりの木にロープの片方を縛って、反対の端を持って湖を1周歩く。無人島の木にロープが引っかかり、ほとりの木にもう1度縛り付けて、ロープをたどりながら無人島まで進む。

51
① 10　9　8　7　　6　5

② 1　2　3　4　　5　6

③ 2　4　6　8　　10　12

④ 13　16　19　22　　25

⑤ 67　61　55　49　　43

⑥ 1　2　4　7　11　　16

52
① 1 ➜ 3 ➜ 7 ➜ 13 ➜ 21

② 1 ➜ 2 ➜ 4 ➜ 8 ➜ 16 ➜ 32

③ 1000 ➜ 200 ➜ 40 ➜ 8

④ 2 ➜ 4 ➜ 16 ➜ 256 ➜ 65536

＊法則は、①が「＋2 → ＋4 → ＋6 → ＋8」、②が「×2」、③が「÷5」、④が「×2 → ×4 → ×16 → ×256」となる。

53
① 答え　29
② 答え　5

＊規則は、①が「+7」、②が「-5」となる。

54
① 90　83　76　69　62

② 9　12　10　13　11　14

③ 1　4　9　16　25　36

＊決まりは、①が「-7」、②が「+3」と「-2」が交互、③が「+3、+5、+7、+9、+11」となる。

55
① 1、3、5、7、9、11、13、15、…

② 98、91、84、77、70、63、56、49、…

③ 1、2、4、8、16、32、64、128、…

④ 729、243、81、27、9、3、1、…

⑤ 1、4、9、16、25、36、49、64、81、…

⑥ 1、2、4、7、11、16、22、29、37、…

⑦ 1、1、2、3、5、8、13、21、34、55、…

⑧ 1、2、2、4、8、32、256、8192、…

⑨ $\frac{2}{3}$、$\frac{4}{5}$、$\frac{2}{3}$、$\frac{8}{15}$、$\frac{10}{23}$、$\frac{4}{11}$、$\frac{14}{45}$、…

⑩ 1、11、12、1121、1321、122131、132231、…

＊ルールは、①が「+2」、②が「-7」、③が「+1、+2、+4、+8、+16、…」、④が「÷3」、⑤が「+3、+5、+7、…」、⑥が「+1、+2、+3、+4、+5、+6、…」、⑦が左端から「1+1=2」「1+2=3」「2+3 =5」「3+5= 8」「5+8 =13」、⑧が左端から「1 × 2=2」「2 × 2 = 4」「2 × 4=8」「4 × 8=32」となる。
⑨は、左から3つめの$\frac{2}{3}$を$\frac{4}{6}$にし、分子は2、4、6、8と2ずつ増えていき、分母は3、5、9、15なので、2の倍数を2、4、6、8と足している。よって$\frac{10}{23}$となる。
⑩は、1つ前の左の数字に、1、2、3がそれぞれいくつあるかを示している。1つ前の□の左の数字は1が2つ、2が1つ、3が1つのため、122131となる。

56 答え　ビスケット

＊余ったお金で買えるということは、ビスケットよりもチョコレートが安い。よって、ビスケットが高いとなる。

57 答え　6人

＊8枚持っている子と9枚持っている子がいるということは、割り算をして、答えが8で余りが出たということになる。したがって、53÷□=8あまり△という式が成り立つ。□に入るのは6。よって、6人でトランプゲームをしている。

58 答え　自分と友だち100人なら、101人になるが、富士山の上でおにぎりを食べるのは100人。なぜか1人少なくなっている。

59 答え　タツキ

60 答え　① 酒　② しょう油　③ 油

＊酒を仮定することから始める。②か③が酒だとすれば、これはウソのラベルにならない。したがって、①が酒ということになる。①のラベルの内容はウソなので、③が油となり、残った②がしょう油と分かる。

61 答え　クローバー

62

63
① 答え　18個
② 答え　43個
③ 答え　40個

64
図1　答え　正三角形は4倍
図2　答え　正方形は2倍

＊中にある三角形や四角形を回転させて考える。

65 答え　8㎝

＊辺の長さが等しいため、図の太線の部分は、17㎝。4㎝と3㎝を足すと、3辺の長さが分かる。3で割ると、1辺の長さが出る。(4+17+3)÷3=8

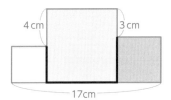

66

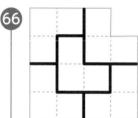

67 答え　あ 4 個　　い 6 個

＊計算で答えを導くこともできる。
ケースは合計 36 マスある。あは 3 マ
ス、いは 4 マスで、あといのピースの
数を合わせると合計 10 個のため、か
け算した結果が 36 になる数を探す。

68

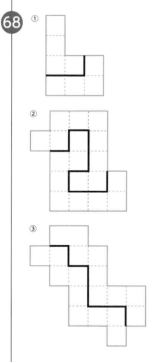

69 答え　8 マス

＊色の付いた部分の面積を求める。移
動させると、これは 2 つ分の大きさだ
と分かり、2 × 4 = 8 マスが周りの大
きさだと分かる。全体は 4 × 4 = 16
マスなので、16 − 8 = 8。

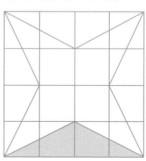

70 答え　③

＊箱のマスは合計 16 マス。積み木は
全部で 20 マス。混ざった積み木は、
20 − 16= 4 マスと分かる。4 マスは
③だけなので、③だと分かる。

71 解答なし。

72

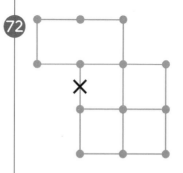

73

① ② ③ ④

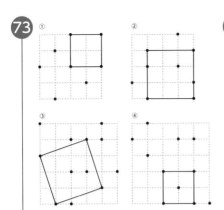

74 答え　4個

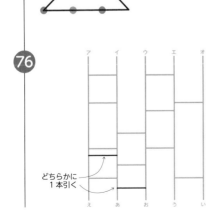

75

76

ア　イ　ウ　エ　オ

どちらかに
1本引く

え　あ　お　う　い

77 答え　水曜日

日	月	火	水	木	金	土
			1	2	3	4
5	6	7	8	9	10	11
12	13	14	15	16	17	18
19	20	21	22	23	24	25
26	27	28	29	30	31	

78 ＊展開図を書き込み、切り取ると一筆で書くことができる。

79 答え　斜めに傾け、水面が奥の辺と重なったときに5合になる。

80 解答なし。

131

81 答え　木曜日

＊8月は合計31日ある。31 ÷ 7 ＝ 4……3のため、同じ曜日が4日間の日は4日、5日間の日は3日あると分かる。日曜日と水曜日は、その日を含めれば4日間なので、同じ曜日が4日のほうに含まれると分かる。よって、木曜日が5日間になるため、木曜日が1日となる。

日	月	火	水	木	金	土
					1	2	3
4	5	6	7	8	9	10
11	12	13	14	15	16	17
18	19	20	21	22	23	24
25	26	27	28	29	30	31

82 答え　大きな船に象を乗せて、船が沈んだところに印を付ける。象を降ろした後、小石を拾い集めて、印のところまで船が沈むよう小石をのせていく。印のところまで船が沈んだら、この小石を小分けにして量ることによって、象の重さが求められる。

83 答え　縦、横、それぞれ1mの箱に斜めに入れる。

84 答え　図のようにしてA、B、Cの3か所をそれぞれが担げば、1人が2本を担いでいることになる。

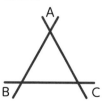

85 答え　①人がヤギを連れてわたり、ヤギを下ろし、戻る。
②人がオオカミを連れてわたり、オオカミを下ろし、ヤギを乗せて戻る。
③ヤギを下ろし、キャベツを乗せてわたり、キャベツを下ろして戻る。
④ヤギを乗せてわたる。

86 答え　9秒

＊4階分上るのに4秒かかるということは、1階分上るのに1秒かかるということなので、9階分は9秒と求めることができる。

87 答え　15分

＊最初3匹をのせて、5分後に片面が焼けたところで2匹を裏返し、ほかの1匹を取り出して、代わりに新しい1匹をのせる。さらに5分後、新しく入れた1匹を裏返し、両面を焼いた2匹を取り出し、片面だけ焼いた魚1匹を戻す。さらに5分焼いて終わりで。合計15分となる。

88 答え　7日目

＊6日目には6mの高さにいる。7日目はそこから5m登るので、この時点で11mの頂上に達し、よって7日目となる。

89 答え　◯→8　△→0　□→2　⬠→10
♡→1　♠→3　✚→12　☆→5
✺→9　◁→6　◯→4

90 ① 答え　A (1)　B (9)
　　② 答え　C (6)　D (7)　E (3)

91

8　　9
7　　　　　10
6　　　　　11
5　　　　　12
4　　　　1
3　　2

＊3時50分なので、短針は3と4の間になる。ここから、数字を書き込むことができる。長針は50分なので10のところを指す。

92 答え　2時25分

93 答え　エイジ (3)個　　ハナミ (8)個
　　　タケロウ (7)個　ユキホ (1)個
　　　キッペイ (5)個

＊1番左と左から3番目の情報だけを見ると、エイジ、ハナミ、タケロウ、ユキホが合わせて19個と分かる。キッペイは 24 − 19= 5 個、ユキホは 6 − 5= 1 個、タケロウは 8 − 1= 7 個、ハナミは 15 − 7= 8 個、エイジは 11 − 8= 3 個となる。

94 答え　ミカン 4 個

95 答え　A (30)g　　　B (20)g
　　　C (10)g　　　D (40)g

96 解答例
大きめのアリの体を糸で縛り、穴の中に入れ、玉の反対側の穴にはハチミツをぬりつける。アリはハチミツの香りに誘われて、反対側の穴から出てくるため、糸を通すことができる。

97 答え　2 本

＊火がついているロウソクの数ではない。「残っている」のは、火が消えた2本。

98 答え　①3分計と5分計の砂時計を、同時に測定開始する。
　　　②3分計が終わったら、反転する。この段階で5分計は2分残っている。
　　　③5分計が終わると同時に、1分残っている3分計をあえてひっくり返す。ここで3分計は2分計になる（5分経過）。
　　　④3分計（実際は2分計）が終わったときが、7分後になる（5分＋2分＝7分）。

99 答え　500 円玉 (1) 枚
　　　100 円玉 (1) 枚
　　　50 円玉 (1) 枚
　　　10 円玉 (35) 枚

＊10円玉以外の硬貨が2枚以上になると、条件に当てはまらなくなる。

100 答え　22本

＊サービスでもらえるジュースの空き
缶もサービスの対象になる。

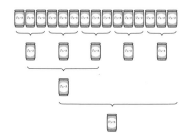

101 答え　1〜4時間まではB駐車場
が安く、5時間で同じとなり、
6時間以上はA駐車場が安
くなる。

参考文献

桜井進『柔軟な発想と考える力が身につく！桜井先生の
　ひらめき算数パズル』ナツメ社（2017年）

桜井進『感動する！数学』ＰＨＰ文庫（2009年）

ソニー・グローバルエデュケーション『5分で論理的
　思考ドリル　ちょっとやさしめ』学研プラス（2019
　年）

ソニー・グローバルエデュケーション『5分で論理的思
　考ドリル　ちょっとむずかしめ』学研プラス（2020
　年）

ソニー・グローバルエデュケーション『5分で論理的思
　考ドリル』学研プラス（2019年）

松永暢史・星野孝博『大人の脳を活性化！頭のいい小学
　生が解いているヒラメキパズル』扶桑社文庫（2018
　年）

算数あそび研究会『誰でもできる算数あそび60』東洋館
　出版社（2015年）

知的生活追跡班『頭が突然鋭くなるクイズ』青春出版社
　（2015年）

村上綾一・稲葉直貴『理系脳をつくる　ひらめき思考力
　ドリル』幻冬舎（2020年）

高濱正伸・梅﨑隆義『思考力を鍛える算数脳サプリ』朝
　日新聞出版（2015年）

ワン・ステップ『頭脳活性ひらめき！算数・数学クイズ
　マスター　数・計算クイズ』金の星社（2011年）

松浦敏之『みんなでできる！超盛り上がる！算数パズ
　ル・ゲーム60』明治図書出版（2020年）

村上綾一・稲葉直貴『理系脳をつくるひらめきパズル』
　幻冬舎（2017年）

吉田敬一『この問題、とけますか？』大和書房（2017
　年）

桜井進『考える力が身につく！好きになる　算数なるほ
　ど大図鑑』ナツメ社（2014年）

日本数学教育学会研究部『算数好きな子に育つ たのし
　いお話365　さがしてみよう、あそんでみよう、つ
　くってみよう 体験型読み聞かせブック』誠文堂新光社
　（2016年）

著者紹介

三好真史（みよし しんじ）
1986年大阪府生まれ。
大阪教育大学教育学部卒業。
堺市立小学校教諭。
メンタル心理カウンセラー。
教育サークル「ふくえくぼの会」代表。
著書に『子どもがつながる！　クラスがまとまる！　学級あそび101』『読み書きが得意になる！　対話力がアップする！国語あそび101』（ともに学陽書房）、『教師の言葉かけ大全』(東洋館出版社) などがある。

楽しく数学脳が鍛えられる！　ワークシートで便利！

算数あそび101

2021 年 10 月 26 日　　初版発行
2022 年 2 月 2 日　　2 刷発行

著者	三好真史
装幀	スタジオダンク
本文デザイン・DTP 制作	スタジオトラミーケ
イラスト	榎本はいほ
発行者	佐久間重嘉
発行所	株式会社 学陽書房

東京都千代田区飯田橋 1-9-3　〒 102-0072
営業部　TEL03-3261-1111　FAX03-5211-3300
編集部　TEL03-3261-1112　FAX03-5211-3301
http://www.gakuyo.co.jp/

印刷	加藤文明社
製本	東京美術紙工

©Shinji Miyoshi 2021, Printed in Japan
ISBN978-4-313-65446-4　C0037
JASRAC　出 2107888-101